W0302484

Was ich an dir liebe

Das Kochbuch

Was ich an dir liebe
Das Kochbuch

Kreative Liebeserklärungen
aus der Küche

riva

Inhalt

Herzhafte Hauptgerichte

Leckere Snacks

Die wichtigste Zutat ist Liebe

Ein französisches Sprichwort sagt: »Wo die Liebe den Tisch deckt, schmeckt das Essen am besten.«

Mit einer liebevoll zubereiteten Speise kann man auf ganz individuelle Art und Weise einem Menschen zeigen, dass man ihn liebt oder besonders schätzt. Ganz egal, ob zu speziellen Gelegenheiten wie zum Valentinstag, Jahrestag, Hochzeitstag, Geburtstag oder Muttertag oder einfach mal nur so als kleine Aufmerksamkeit im Alltag – in diesem Buch finden Sie liebevoll zubereitete Köstlichkeiten für viele Anlässe.

In den einzelnen Kapiteln gibt es viele kreative Ideen und Anregungen aus der Küche, um »Ich liebe dich« oder »Du bist mir wichtig« zu sagen. Ein sorgsam gedeckter Tisch, ein farbenfrohes, originell garniertes Gericht und dekorativ geformtes Gemüse oder Gebäck – es gibt etliche Möglichkeiten, Liebe auf den Tisch zu bringen.

Der Favorit unter den Formen und Dekorationen ist natürlich das Herz. Ob Süßes oder Herzhaftes, wir zeigen Ihnen, wie Sie Plätzchen, Pralinen, Spaghetti und Co. in die richtige Form bringen.

Verwöhnen Sie sich und alle, die Ihnen lieb und teuer sind, mit diesen besonderen Kreationen. Sie werden sehen, das ist gar nicht so schwer!

Liebevolles Frühstück

»Am wertvollsten sind die Menschen,
die es schaffen, anderen ein Lächeln
ins Gesicht zu zaubern.«

Sprichwort

Pancakes mit Liebesnachricht

♥ *Für 10 Stück*

2 Eier
2 EL Zucker
40 g Schmand oder saure Sahne
100 g Mehl
1 TL Backpulver
60 ml Milch
Butter

1. Die Eier trennen, Eiweiß in einer Schüssel mit 1 EL Zucker steif schlagen.
2. Das Eigelb mit dem Schmand und dem restlichen Zucker in einer zweiten Schüssel schaumig schlagen.
3. Mehl und Backpulver vermengen und abwechselnd mit der Milch unter die Ei-Schmand-Masse rühren. Anschließend etwas vom Eischnee unterrühren, den Rest vorsichtig unterheben.
4. Pfanne auf mittlerer Stufe erhitzen und Butter darin schmelzen. Zuerst mit einem kleinen Löffel oder einem Spritzbeutel mit kleiner Öffnung Buchstaben und kleine Herzen in die Pfanne spritzen.
5. Wenn der Teig an der Oberfläche Blasen wirft, mit einer großen Kelle je einen Klecks Teig auf die Formen geben, sodass ein runder Pancake entsteht. Wenn auch dieser Blasen wirft, kann der Pancake gewendet werden und man erkennt die Buchstaben bzw. Herzen.

Tipp:

Man kann natürlich beliebige Botschaften per Pancake übermitteln, z. B. einen Heiratsantrag, Glückwünsche zum Geburts- oder Muttertag und vieles mehr.

LOVE

Herzwaffeln

♥ *Für 12 Waffeln*

140 g Mehl
½ Pckg. Backpulver
1 Pckg. Vanillezucker
30 g Zucker
2 Eier
110 ml Milch
85 g Naturjoghurt
25 g zimmerwarme Butter
etwas Mineralwasser (ca. 20 ml)
etwas Öl zum Braten
etwas Puderzucker

Herzwaffeleisen
Eisstiele

1. Alle trockenen Zutaten in einer Schüssel vermengen. Eier, Milch, Joghurt und Butter hinzufügen und den Teig gut durchrühren. Zum Schluss noch einen Schuss Mineralwasser hinzugeben und erneut umrühren.
2. Das Waffeleisen mit Öl einpinseln und anschalten. Sobald die richtige Temperatur erreicht ist, 1 EL Waffelteig pro Backmulde einfüllen. Vor dem Schließen des Deckels pro Waffel einen Stiel in den Teig drücken.
3. Die Waffeln etwa 5 Minuten backen und anschließend mit Puderzucker bestreut servieren.

4. Wer nur ein Waffeleisen für rechteckige Waffeln besitzt, kann auch Herzen ausstechen und den Stiel vorsichtig einschieben.

Tipp:

Eine Hälfte der Waffel nach dem Backen in Schokolade eintauchen und diese fest werden lassen.

Herz-Pancakes

♥ *Für ca. 7–10 Stück, je nach Größe und Verzierung der Pancakes*

4 Eier
300 ml Milch
1 Prise Salz
200 g Mehl

etwas Butter zum Ausbacken

1. Alle Zutaten bis auf die Butter in einer Schüssel zu einem flüssigen Teig verrühren. Den Teig in eine Squeezeflasche mit feiner Spitze einfüllen.
2. Butter in eine Pfanne geben. Nun die Squeezeflasche zusammendrücken, damit der Teig herausläuft.
3. Mit flinken Bewegungen ein Herz mit ca. 15–20 cm mit dem Teig in die Pfanne »malen«. Das ist die Umrandung für die nun folgenden Verzierungen, z. B. kleine Kreise, Buchstaben oder weitere Herzen. Außerhalb der Umrandung Punkte setzen oder einfach nach Belieben individualisieren.
4. Pancake auf mittlerer Hitze kurz durchziehen lassen und dann vorsichtig, am besten mit einem sehr breiten Pfannenwender, umdrehen. Falls das Herz sehr groß ist, kann man es auch nur auf einer Seite »durchziehen« lassen, also nicht auf der anderen Seite backen. Dann muss man das Herz nicht umdrehen.

Klassische Pancakes

Für 2 Portionen

200 g Haferflocken
2 Bananen
350 ml Mandelmilch (oder eine andere pflanzliche Milch bzw. Kuhmilch)
je 1 TL Vanillepulver und Zimt
1 ½ TL Backpulver
Kokosöl zum Ausbacken
als Deko frische Früchte, Kokosraspel oder Nüsse

hitzebeständige Ausstechformen Herz (z. B. 9,5 cm ø)

1. Die Haferflocken in einem Mixer zu Mehl zerkleinern. Anschließend in eine große Schüssel füllen.
2. Bananen schälen und mit Milch, Vanillepulver, Zimt und Backpulver in einem Mixer pürieren. Bananengemisch zum Hafermehl in die Schüssel geben und alles gut verrühren.
3. Etwas Kokosöl bei mittlerer Temperatur in einer Pfanne erhitzen. Die Ausstechformen in die Pfanne legen und eine kleine Menge Teig hineinlaufen lassen. Wenn sich im Teig Bläschen gebildet haben und die Herz-Pancakes von der Unterseite gut angebacken erscheinen, vorsichtig die Form vom Teig lösen. Die Pancakes nun wenden und von der anderen Seite fertig backen. Vorgang wiederholen, bis der Teig aufgebraucht ist.
4. Die Herz-Pancakes nach Belieben mit frischen Früchten, Kokosraspeln oder Nüssen anrichten.

Rosa Zuckerherzen für den Kaffee

♥ *Für ca. 100 Mini-Herzen*

350 g Kristallzucker
15 ml Wasser
5 ml rote Lebensmittelfarbe

Ausstechform Herz (1,5–2 cm ø)

1. Den Kristallzucker in eine Schüssel geben.
2. Das Wasser mit der roten Lebensmittelfarbe verrühren und zu dem Zucker geben. Alles sehr gut vermengen. Der Zucker soll feucht, aber nicht nass sein. Sollte der eingefärbte Zucker zu nass sein, noch etwas Lebensmittelfarbe dazugeben.
3. Den eingefärbten Zucker auf einem Backpapier verteilen und leicht festdrücken. Ein Backblech mit Backpapier belegen. Mit einem Herzausstecher kleine Herzen aus der Zuckermasse stechen und diese auf das Backblech setzen. So lange wiederholen, bis der Zucker komplett aufgebraucht ist.
4. Die Herzen können 24 Stunden an der Luft oder 50 Minuten bei 50 °C Ober-/Unterhitze im Ofen getrocknet werden.

Red-Smoothie-Bowl

♥ *Für 2 Portionen*

100 g Heidelbeeren
½ Mango
300 g gefrorene Himbeeren
50 ml Orangensaft
30 g Honig
30 g Joghurt

1. Heidelbeeren waschen, Mango schälen und Kern entfernen.
2. Alle Zutaten, außer dem Joghurt, im Mixer pürieren, bis eine cremige Masse entstanden ist. Den Smoothie in 2 Schälchen umfüllen.
3. Für die Herz-Spuren mit einer Spritze von außen nach innen kleiner werdende Joghurt-Pünktchen auf den Smoothie setzen.
4. Um die Herzen zu erzeugen, ebenfalls von außen nach innen mit einem Spieß oder einem anderen spitzen Gegenstand durch die Pünktchen ziehen.

Kiwi-Blume

1 Kiwi

1 kleines, scharfes Messer

1. Die Kiwi wird ungeschält verarbeitet. Zunächst schneidet man die beiden Enden der Kiwi dünn ab. Hierbei nicht zu viel vom Fruchtfleisch abnehmen.
2. Danach die Kiwi am besten ablegen und leicht mit Daumen und Zeigefinger festhalten, dabei befinden sich die abgeschnittenen Enden zwischen den Fingern.
3. Jetzt die Messerspitze ungefähr in der Mitte der Kiwi ansetzen und durch die Schale diagonal in das Fruchtfleisch einschneiden (ungefähr 2 cm tief). So rund um die Kiwi Zacken schneiden.
4. Dann die 2 Kiwihälften vorsichtig auseinandernehmen und schon hat man 2 Kiwi-Blumen.

Green-Smoothie-Bowl mit Kiwi-Blume

♥ *Für 1 Smoothie-Bowl*

2 Handvoll Spinatblätter
1 Banane
1 Apfel (z. B. Granny Smith)
ein paar Heidelbeeren
1 Limette
1 Kiwi
150 ml Kokoswasser

1. Spinat waschen, abtropfen lassen. Banane schälen, Apfel waschen, halbieren und Kerngehäuse entfernen. Heidelbeeren und Limette waschen, Limette in Scheiben schneiden. Ein kleines Stück Banane und einen halben Apfel für das Topping auf die Seite legen.
2. Die Kiwi in Blumenform bringen (siehe Seite 18). Eine Hälfte für das Topping verwenden. Die andere Hälfte schälen.
3. Spinatblätter, die restliche Banane, den restlichen Apfel, das Fruchtfleisch der halben Kiwi und das Kokoswasser in den Mixer geben und zu einem cremigen Smoothie mixen. Danach den Smoothie in eine Schüssel füllen.
4. Die beiseitegelegte Banane und den halben Apfel in Scheiben schneiden.
5. Den Smoothie mit den Obstscheiben, der Kiwi-Blume, ein paar Heidelbeeren und Limettenscheiben anrichten.

Tipps:

Wenn man gefrorene statt frische Früchte verwendet, ergibt das einen besonders cremigen, dickflüssigen Smoothie.
Man kann das Kokoswasser auch durch Pflanzenmilch oder Milch ersetzen.

Ei-Toast-Muffins

Für 2 Portionen

4 Scheiben Toast
1 Ei
50 ml Milch
Salz und Pfeffer
Gewürze nach Belieben
30 g Schinkenwürfel

Ausstechform Kreis (7 cm ø)
Herz-Muffin-Backform

1. Backofen auf 160 °C Umluft vorheizen.
2. Die Ränder der Toastscheiben abschneiden. Dann die Scheiben mit einem kleinen Wallholz dünn ausrollen. Mit einer runden Form 4 Kreise ausstechen oder ausschneiden.
3. Die Kreise in die Herz-Muffin-Form drücken.
4. Das Ei in einer Schüssel mit der Milch gut verquirlen und mit Salz, Pfeffer und Gewürzen nach Belieben (z. B. Paprika, Kräuter) würzen.

5. Die Eimasse mit den Schinkenwürfeln vermischen und in die Toast-Herzen geben.
6. Muffins 8–10 Minuten im Ofen goldbraun backen und gut auskühlen lassen.

Spiegelei-Herz im Toast

♥ *Für 2 Portionen*

4 Scheiben Toast (groß, z. B. American Toast)
50 g Butter
4 Eier
Salz, Pfeffer, Kräuter

Ausstechform Herz (7 cm ø)

1. Aus den Toastscheiben ein Herz ausstechen, dabei darauf achten, dass etwa 1 cm Rand rundum stehen bleibt.
2. Butter in einer Pfanne erhitzen, die Toastscheiben hineingeben und die Temperatur auf mittlere Hitze reduzieren. Toasts etwa 3 Minuten von jeder Seite braten.
3. Eventuell ein wenig Butter nachgeben. Sobald die Toastscheiben gut durchgebraten sind, in jedes ausgestochene Herz langsam 1 Ei aufschlagen und gut würzen. Bei schwacher Hitze und mit Deckel die Eier stocken lassen.

Gekochte Eier in Herzform

1 Ei
1 Karton in Größe ca. DIN A6
1 Stift
Gummibänder

1. Das Ei in einem Topf mit kochendem Wasser hart kochen und danach mit kaltem Wasser abschrecken und abpellen.
2. Den Karton auf der langen Seite in der Mitte knicken. Danach das Ei in die entstandene Kartonfalte legen. Einen Stift mittig über das Ei legen und das Ganze mit Gummibändern so befestigen, dass das Ei etwas eingedrückt wird. Je nach Eigröße muss der Karton auf beiden Seiten noch etwas gekürzt werden.
3. Ei ca. 15–20 Minuten so einspannen – fertig ist das Eiherz.

Süße Überraschungen

»Wenn auf der Welt die Liebe herrschte, wären alle Gesetze entbehrlich.«

Aristoteles

Apfelrosen in Blätterteig

♥ *Für 6 Apfelrosen*

1 Zitrone
1 l Wasser
2 rote Äpfel
2 EL Aprikosenmarmelade (fein, ohne Stückchen oder durch ein Sieb passieren)
1 TL Wasser
½ TL Zucker und etwas Zimt
275 g fertiger Blätterteig

Muffinblech
etwas Butter zum Einfetten oder Muffinförmchen

1. Zitrone auspressen und den Saft mit etwa 1 l Wasser in einen Topf oder eine mikrowellengeeignete Schüssel geben.
2. Äpfel waschen, halbieren und entkernen. Die Apfelhälften quer zum Kerngehäuseloch in ganz dünne Scheiben schneiden.
3. Die Scheiben dann vorsichtig in das Zitronenwasser legen.
4. Die Schüssel in die Mikrowelle geben, für 3 Minuten auf höchster Stufe einschalten und das Wasser erwärmen. Alternativ das Wasser und die Äpfel auf dem Herd zum Kochen bringen, dann Herd ausschalten und die Apfelscheiben ca. 3 Minuten ziehen lassen. Dadurch werden die Apfelscheiben elastisch und brechen nicht beim späteren Biegen.
5. Danach Apfelscheiben vorsichtig in ein Sieb geben und abtropfen lassen.
6. Die Aprikosenmarmelade mit dem Wasser, Zucker und Zimt vermischen.
7. Das Muffinblech einfetten oder Muffinförmchen in die Mulden setzen.
8. Den Backofen auf 170 °C Umluft vorheizen.
9. Den fertigen Blätterteig ausrollen. Die langen Seiten befinden sich rechts und links. Die kürzeren Seiten oben und unten. Jetzt den Teig mit dem Messer in jeweils 6–7 cm hohe Stücke schneiden.

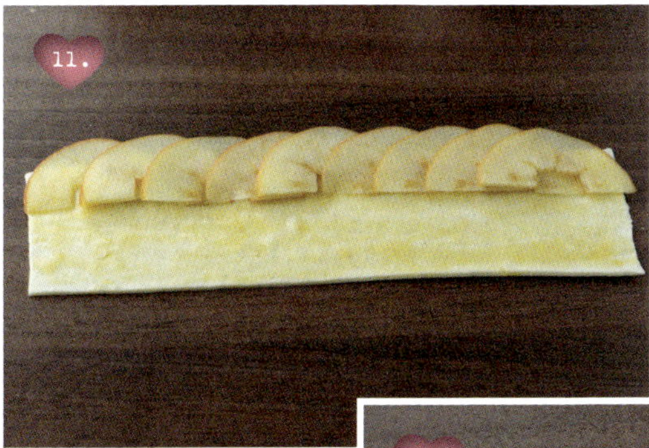

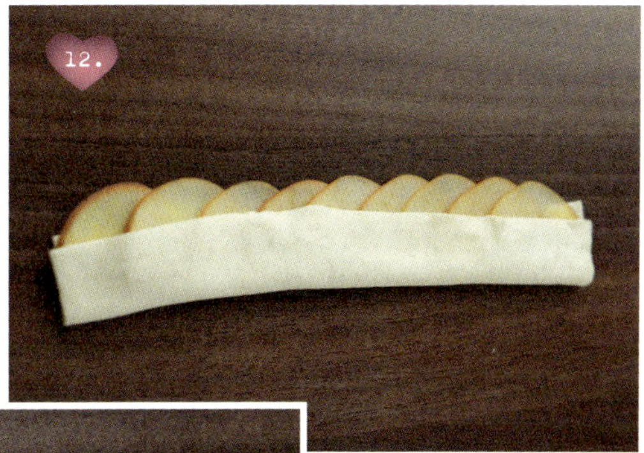

10. Ein Blätterteigstück mit der süßen Aprikosenmarmeladen-Mischung bestreichen.
11. Die Apfelscheiben an der oberen Seite überlappend nebeneinanderschichten.
12. Nun die untere Hälfte des Blätterteigs nach oben klappen.
13. Apfelrose von einer Seite langsam aufrollen.
14. Am Schluss den Blätterteig etwas andrücken und die Rose in das Muffinblech oder Förmchen setzen.
15. Sobald alle Apfelrosen fertiggestellt sind, das Blech 20–25 Minuten in den Ofen schieben, bis die Apfelrosen goldbraun gebacken sind.

Erdbeer-Schoko-Strauß

♥ *Für 10 Stück*

10 Erdbeeren
200 g weiße Kuvertüre
200 g Vollmilch-Kuvertüre

10 Holzspieße

1. Erdbeeren waschen und vorsichtig abtupfen, danach aufspießen und zur Seite legen.

2. Die Vollmilch-Kuvertüre in einem Wasserbad schmelzen lassen. Anschließend die ersten 5 Erdbeeren darin eintunken und über der Schüssel hin- und herdrehen. So tropft die überschüssige Schokolade ab und es entsteht ein glatter Mantel.
3. Die Spieße entweder in einen Karton oder einen Cake-Pop-Ständer stecken oder in Gläser stellen. An einen kühlen Ort stellen.
4. Nun die weiße Schokolade in einem Wasserbad schmelzen. Die restlichen 5 Erdbeeren ebenfalls damit ummanteln und zum Trocknen kühl stellen.
5. Wenn die dunkle Schokolade an den Erdbeeren fest ist, mit der weißen Schokolade nach Belieben Verzierungen aufmalen. Dafür kann man z. B. eine Gabel zur Hilfe nehmen oder auch mit einer dünnen Tülle oder einem Verzierstift arbeiten.

6. Sobald die weiße Schokolade an den Erdbeeren getrocknet ist, Verzierungen mit dunkler Schokolade vornehmen.

Tipp:

Die eine oder andere Schoko-Erdbeere mit Marzipan oder Fondant als »Blütenblatt« umwickeln.

Erdbeer-Mascarpone-Traum

Für 2 Portionen

85 g Löffelbiskuits
80 ml Orangensaft
300 g Erdbeeren
120 g Mascarpone
100 ml Milch
50 g Zucker
100 g Sahne
20 g Schokoraspel

1. Etwa ⅔ der Löffelbiskuits zerkleinern, in zwei Gläser geben und pro Glas 40 ml Orangensaft daraufgießen.
2. Erdbeeren vorsichtig waschen und bei 8–10 größeren Erdbeeren den Strunk sorgsam entfernen, die Erdbeeren halbieren und diese mithilfe eines Plätzchenausstechers oder eines Messers in Herzform schneiden.
3. Die Erdbeeren auf die Biskuit-Lage in die Gläser geben. Dafür die Erdbeeren mit ihrer Innenseite von innen an den Glasrand stellen und die Mitte frei lassen.
4. Den Mascarpone in einer Schüssel mit Milch und Zucker vermischen, dann die Sahne aufschlagen und diese unter die Mascarponecreme heben. Die Sahne-Mascarpone-Mischung zwischen die Erdbeeren in die beiden Gläser füllen,

2.

4.

bis alle Früchte gut bedeckt sind (es bleibt noch Creme übrig).

5. Den Rest der Löffelbiskuits grob zerkleinern und ebenfalls in die Gläser füllen.
6. 80 g Erdbeeren pürieren und als nächste Schicht auf die Löffelbiskuits geben.
7. Als letzte Schicht folgt der Rest der Sahne-Mascarpone-Mischung. Die Gläser mindestens 30 Minuten in den Kühlschrank geben.
8. Vor dem Servieren die Gläser mit den restlichen Erdbeeren und Schokoraspeln dekorieren.

5.

6.

Herz-Donuts

♥ *Für 12 Stück*

100 ml Milch
30 g Zucker
5 g Hefe
275 g Mehl
¼ TL Salz
30 g Butter
1 Ei
1 l Frittierfett
140 g Puderzucker
2 TL Zitronensaft
2 TL Himbeerpüree

2 Ausstechformen Herz (7 cm und 2 cm ø)

1. Milch in einem Topf auf ca. 42 °C erwärmen und Zucker und Hefe darin auflösen. Masse 10 Minuten stehen lassen.
2. Hefegemisch mit Mehl, Salz, weicher Butter und dem Ei (Zimmertemperatur) in eine große Rührschüssel geben und mit einem Löffel oder einem Rührgerät (mit Knethaken) etwas vorkneten. Anschließend 10–15 Minuten von Hand oder mit einer Küchenmaschine zu einem geschmeidigen Teig verkneten. Teig abgedeckt an einem warmen Ort mindestens 1 Stunde ruhen lassen, bis sich das Volumen verdoppelt hat.
3. Anschließend Teig kurz durchkneten und auf einer bemehlten Arbeitsfläche ca. 1 cm dick ausrollen. Mit der großen Herzausstechform 12 Herzen ausstechen. Aus diesen jeweils in der Mitte mit dem kleineren Ausstecher Herzen ausstechen.

4. Die Donuts für weitere 20 Minuten abgedeckt ruhen lassen. Kurz vor Ende der Ruhezeit das Fett in einem großen Topf erhitzen. Die Donuts und die kleinen ausgestochenen Herzen nach und nach hineingeben und von beiden Seiten 1–2 Minuten goldbraun frittieren. Herausnehmen und auf einem Auskühlgitter abtropfen und vollständig auskühlen lassen.
5. Aus Puderzucker, Zitronensaft und Himbeerpüree in einer Schüssel eine Zuckerglasur zusammenrühren und die Donuts damit glasieren. Dafür einfach die Donuts in die Glasur legen, herausnehmen und etwas abtropfen lassen.

Zimtherzen

♥ *Für etwa 20 Stück*

Für den Teig

500 g Mehl
1 Pckg. Trockenhefe
75 g Zucker
½ TL Salz
½ EL gemahlener Kardamom
80 g Butter
200 ml Milch
1 Ei

Für die Füllung

100 g Butter (Zimmertemperatur)
2 EL Zimt
50 g Zucker

Zum Bestreichen

1 Ei
2 EL Wasser
etwas Hagelzucker

1. In einer Schüssel das Mehl mit Trockenhefe, Zucker, Salz und Kardamom vermengen. Die Butter in einem kleinen Topf schmelzen und mit der Milch mischen, anschließend unbedingt abkühlen lassen.
2. Die Butter-Milch-Mischung zusammen mit dem Ei in die Schüssel zu den restlichen Zutaten für den Teig geben und den Teig etwa 10–15 Minuten von Hand oder mit einer Küchenmaschine zu einem geschmeidigen Teig verkneten.
   Den Teig zu einer Kugel formen und mit einem Geschirrtuch bedeckt etwa 30 Minuten lang ruhen lassen.
3. Nach der Gehzeit Teig auf einer bemehlten Arbeitsfläche zu einem Rechteck ausrollen: Der Teig sollte etwa 3–4 mm dick und ca. 30 cm breit sein.

4. Für die Füllung die weiche Butter in einer Schüssel mit Zimt und Zucker mischen. Die Füllung mithilfe eines Messers gleichmäßig auf dem ausgerollten Teig verstreichen. Nun den Teig von beiden langen Seiten aus gleichmäßig einrollen, dabei darauf achten, dass keine Hohlräume entstehen.
5. Die Teigrolle mit einem scharfen Messer in etwa 20 Scheiben schneiden. Die Scheiben vorsichtig zu Herzen formen und mit genügend Abstand zueinander auf 2 mit Backpapier belegte Backbleche legen; diese mit Geschirrtüchern abdecken.

6. Nun die Zimtherzen etwa 1 Stunde lang gehen lassen, bis sich ihre Größe etwa verdoppelt hat.
7. Den Ofen auf 220 °C Ober-/Unterhitze vorheizen.
8. Das Ei mit dem Wasser verrühren und mithilfe eines Pinsels die Zimtherzen damit bestreichen. Anschließend den Hagelzucker über die Zimtherzen streuen.
9. Das erste Blech in den Ofen schieben und die Zimtherzen ca. 5–7 Minuten lang backen, bis sie eine leicht goldene Farbe annehmen, dann Blech aus dem Ofen nehmen und Herzen abkühlen lassen. Auf keinen Fall zu lange backen, da sie sonst zu trocken werden. Achtung: Auf dem heißen Blech garen die Herzen noch etwas nach.
10. Mit dem zweiten Blech genauso verfahren.

Tassenkekse

♥ *Für 20 Stück*

120 g Butter
½ Pckg. Vanillezucker
100 g Zucker
1 Ei
200 g Dinkelmehl
1 Prise Salz
1 Prise Vanillepulver
Schokolade zum Überziehen der Kekse

Ausstechform Herz (6 cm ø)

1. Backofen auf 200 °C Umluft vorheizen.
2. Butter, Vanillezucker und Zucker in einer Schüssel vermischen, danach Ei dazugeben und alles schaumig schlagen.
3. Mehl, Salz und Vanillepulver in die Schüssel geben und alles gut zu einem glatten Teig verkneten. Den Teig in Frischhaltefolie einpacken und 20–30 Minuten kalt stellen.
4. Anschließend den Teig halbieren und eine Hälfte wieder in den Kühlschrank legen. Arbeitsfläche mit etwas Mehl bestäuben und den Teig nicht zu dünn ausrollen (5–7 mm). Nun mit den Formen kleine Herzen ausstechen. Den restlichen Teig wieder zusammenkneten, nochmals ausrollen und erneut Herzen ausstechen. Vorgang so oft wiederholen, bis kein Teig mehr übrig ist. Teigherzen auf ein mit Backpapier belegtes Blech legen.

5. Nun in die Teigherzen kleine Schlitze schneiden. Am besten nimmt man vorher am Rand der Tasse Maß, auf die man den Tassenkeks später aufstecken möchte.
6. Die andere Hälfte des Teiges aus dem Kühlschrank holen und den Vorgang wiederholen.
7. Wenn alle Herzen auf dem Backblech liegen, Blech in den Ofen schieben und Herzen 8–12 Minuten auf mittlerer Schiene backen.
8. Die Kekse auf einem Gitter gut auskühlen lassen, anschließend mit Schokolade überziehen und nach Belieben dekorieren.

Tipp:

Anstatt mit Schokolade kann man die Tassenkekse auch mit buntem Zuckerguss und weißen Zuckerguss-Blüten verzieren.

Herz-Kekse

♥ *Für 30 Stück*

360 g Weizenmehl, Typ 1050
10 g Backpulver
200 g Butter
120 g Zucker
1 Ei
4 Tropfen Vanillearoma
1 ½ TL rote Lebensmittelfarbe

Ausstechform Herz (5 cm ø)

1. Mehl und Backpulver in einer Schüssel vermengen. Zimmerwarme Butter und den Zucker in einer weiteren Schüssel mithilfe eines Rührgeräts schaumig schlagen. Ei und Vanillearoma dazugeben und nochmals gut verrühren. Die trockenen Zutaten nach und nach zum Teig geben und unterrühren. Den Teig mit den Händen gut durchkneten.
2. ⅓ des Teiges mit der roten Lebensmittelfarbe gründlich verkneten. Den roten Teig auf eine Dicke von ca. 2,5 cm ausrollen und mit einer Herzform ausstechen.
3. Die Herzen eng aneinanderreihen. Dabei vorsichtig vorgehen, damit die Herzen nicht ihre Form verlieren.

4. Den uneingefärbten Teig in 3 Portionen teilen und jeweils aus den Portionen dünne Rollen mit ca. 1 cm Durchmesser rollen. Die Rollen eng um die rote Herzreihe legen, bis diese komplett von ungefärbtem Teig umwickelt ist. Danach die komplette Rolle vorsichtig und gleichmäßig rollen, bis die Außenseite glatt ist.

5. Mit den anderen beiden Portionen ebenso verfahren. Anschließend die Rolle mit Frischhaltefolie umwickeln und für mindestens 1 Stunde im Kühlschrank kühlen.
6. Den Ofen auf 180 °C Ober-/Unterhitze vorheizen und ein Backblech mit Backpapier belegen.
7. Die Frischhaltefolie von der Teigrolle entfernen und die Rolle mit einem scharfen Messer in 1–1,5 cm dicke Scheiben schneiden. Diese mit etwas Abstand auf das Backblech legen und auf mittlerer Schiene 8–10 Minuten im Ofen backen. Danach komplett abkühlen lassen.

Hufeisen-Kekse

♥ *Für etwa 45 Stück*

140 g Butter
70 g Zucker
1 Pckg. Vanillezucker
1 Ei
280 g Mehl
evtl. etwas Milch oder Wasser
Vollmilch- oder Zartbitterkuvertüre

1. Butter, Zucker, Vanillezucker und das Ei in einer Schüssel schaumig rühren. Mehl dazugeben, alles gut miteinander vermischen und mit den Händen zu einem glatten Teig kneten. Ist die Masse zu bröselig, esslöffelweise Flüssigkeit wie Milch oder Wasser einkneten, ist sie zu weich, noch etwas Mehl einarbeiten. Den Teig in Frischhaltefolie wickeln und 2 Stunden kalt stellen.
2. Nun den Backofen auf 190 °C Ober-/Unterhitze vorheizen.
3. Nach der Kühlzeit den Teig vierteln, ¾ wieder in den Kühlschrank stellen, ¼ zu einer etwa fingerdicken Rolle formen und diese je nach gewünschter Größe in ca. 5–7 cm lange Stücke schneiden. Die Teigstücke zu Hufeisen biegen und diese auf ein mit Backpapier belegtes Backblech legen.
4. Vorgang wiederholen, bis der komplette gekühlte Teig verbraucht ist.
5. Wenn alle Hufeisen auf dem Backblech liegen, diese ca. 10 Minuten im Ofen backen.
6. Nachdem die Hufeisen-Kekse abgekühlt sind, die Kuvertüre in einem Topf schmelzen und die Spitzen darin eintauchen. Auf ein Abtropfgitter zum Trocknen ablegen.

Kuchenpralinen am Stiel

Für 30 Stück

2 Eier
100 g Naturjoghurt
40 g Rapsöl
100 g Zucker
1 Pckg. Vanillezucker
150 g Mehl
¼ Pckg. Backpulver
etwas Butter zum Einfetten
60 g Erdbeermarmelade
40 g Frischkäse
100 g Zartbitterkuvertüre
100 g weiße Kuvertüre
1 TL Kokosöl
30 Cake-Pop-Stiele

Springform (18 cm ø)
Ausstechform Herz (4,5 cm ø)

1. Den Backofen auf 180 °C Umluft vorheizen.
2. Eier, Joghurt, Öl, Zucker und Vanillezucker in einer Schüssel cremig schlagen.
3. Mehl und Backpulver vermischen und nach und nach unter die flüssige Masse rühren, bis ein gleichmäßiger flüssiger Teig entstanden ist.
4. Die Springform leicht einfetten, den Teig hineinfüllen und 25–30 Minuten auf mittlerer Schiene im Ofen backen. Anschließend vollständig abkühlen lassen.
5. Den Rand des abgekühlten Kuchens abschneiden und nur den weichen Boden mit den Händen so fein wie möglich zerbröseln.
6. Marmelade und Frischkäse in einer Schüssel miteinander vermengen. Kuchenbrösel dazugeben und alles so lange verkneten, bis ein gut formbarer Teig entstanden ist.

7. Den Teig ca. 1 cm dick ausrollen und mit der Herzform kleine Herzen ausstechen.
8. Die Kuvertüren jeweils separat im Wasserbad oder in der Mikrowelle schmelzen und anschließend je ½ TL Kokosöl unterrühren, damit die Schokolade gut vom Löffel fließt. Jeweils ein Ende eines Stiels in die Schokolade tauchen und danach vorsichtig von unten in die Spitze eines Herzens stechen. Dabei ist es nicht schlimm, wenn der Teig etwas aufreißt. Wenn dies geschieht, einfach die Risse mit etwas Schokolade füllen.
9. Anschließend muss die Schokolade erst komplett trocknen, bis mit dem Überziehen der Herzen fortgefahren werden kann. Dafür die Herzen 10–15 Minuten in den Gefrierschrank stellen.
10. Nach der Trocknungszeit die Herzen komplett in die Schokolade tauchen und vorsichtig etwas abtropfen lassen.
11. Herzen nun nach Belieben mit Zuckerdekor, Blüten oder Ähnlichem verzieren.
12. Die fertig überzogenen Kuchenpralinen können entweder auf ein Backpapier gelegt oder mit dem Stiel in eine Styroporplatte oder Ähnliches gesteckt werden. Bis zum Servieren im Kühlschrank fest werden lassen.

Cranberry-Pralinen

♥ *Für 30 Pralinen*

25 g Cranberrys
1 EL Amaretto
1 Tropfen Bittermandelaroma
200 g weiße Schokolade
20 g Kokosfett
1 Tropfen rote Lebensmittelfarbe
50 g dunkle Schokolade
1 Prise Zimt

Pralinenformen

1. Cranberrys in kleine Stücke schneiden und mit dem Amaretto und dem Bittermandelaroma in einer Schüssel verrühren. 30 Minuten ziehen lassen. Danach die Flüssigkeit abschütten und die Cranberrys etwas ausdrücken.
2. Die weiße Schokolade in einem Wasserbad schmelzen und gut umrühren. 15 g Kokosfett unterrühren. Die Cranberry-Stücke zu der Schokolade geben und gut untermischen.
3. Einen Teil der Schokolade in eine Schale füllen und mit 1 Tropfen Lebensmittelfarbe rosa einfärben. Die eingefärbte Schokolade unter die weiße Schokoladenmasse heben, sodass eine Marmorierung erkennbar bleibt.
4. Die Pralinenformen zu ¾ mit der Schokoladenmasse füllen und durch sachtes Rütteln der Form die Oberfläche glätten. Pralinen 20 Minuten in den Kühlschrank stellen.
   Die dunkle Schokolade in einem Wasserbad schmelzen, mit 5 g Kokosfett vermengen und anschließend etwas abkühlen lassen. Sie sollte aber immer noch flüssig sein. Danach Zimt unterrühren und auf die helle Schokoladenmasse geben.
5. Die Pralinen im Kühlschrank mindestens 4 Stunden durchkühlen lassen und danach weiterhin kühl aufbewahren.

Frozen-Yogurt-Cups

♥ *Für 6 Stück*

150 g Kokosmilch (aus einer 400-g-Dose Kokosmilch)
210 g griechischer Joghurt
30 g Zucker
20 g gefrorene Heidelbeeren

6 herzförmige Silikonförmchen (6–7 cm ø)

1. Die Dose Kokosmilch mindestens über Nacht in den Kühlschrank stellen und vor dem Öffnen nicht schütteln.
2. Kokosmilch (nur den cremigen Teil), Joghurt und Zucker in einer Schüssel glatt rühren.
3. Die Heidelbeeren in einem Topf oder der Mikrowelle auftauen lassen und anschließend durch ein Sieb streichen. Fruchtmus dann vollständig auskühlen lassen.
4. Die Joghurtcreme gleichmäßig auf 4 Schüsseln aufteilen. In 3 der Schüsseln unterschiedlich viel Fruchtmus geben, sodass ein helles, mittleres und dunkles Lila entsteht. Die Cremes, angefangen mit der dunkelsten bis hin zur weißen, gleichmäßig auf die 6 Förmchen verteilen. Nach Belieben mit frischen Heidelbeeren oder Kokosraspeln dekorieren.
5. Anschließend für mindestens 3 Stunden in den Gefrierschrank stellen.

Bärchen-Kekse

♥ *Für 2–3 Backbleche*

250 g Mehl
8 g Backpulver (½ Pckg.)
125 g Margarine
1 Ei
10 g Vanillezucker
125 g Zucker
2 EL Backkakao
100 g ganze Mandeln
evtl. Zuckergussherzen

Ausstechformen Bärchen
(ca. 5 cm ø)

1. Den Ofen auf 180 °C Ober-/Unterhitze vorheizen.
2. Mehl und Backpulver in einer Schüssel vermengen. Margarine, Ei, Vanillezucker und Zucker hinzufügen und alles gut durchkneten.
3. Die Hälfte des Teiges mit Kakao dunkel einfärben und beide Teigsorten auf einer bemehlten Arbeitsfläche portionsweise dünn ausrollen und mit den Förmchen ausstechen. In die Arme der Bärchen kann man eine Mandel oder ein Zuckergussherz setzen.
4. Die Plätzchen auf ein mit Backpapier ausgelegtes Backblech legen und im Ofen 8–12 Minuten backen.

Rosen-Eiswürfel

Zwergrosen in der Wunschfarbe
Eiswürfelform
Wasser

Rosenknospen und -blüten abschneiden und unter kaltem Wasser abbrausen. Kurz ausschütteln. In die Felder der Eiswürfelform geben, mit Wasser auffüllen und gefrieren lassen.

Tipps:

Grundsätzlich sind alle ungespritzten Rosen zum Verzehr geeignet. In der Küche werden die Blüten der Bauernrosen, Hundsrosen, Kartoffelrosen und Gebirgsrosen verwendet. Die Rosenblüten können je nach Geschmacksrichtung gewählt werden. So sind Wildrosen süß, während andere Rosensorten süßsauer schmecken. Falls die Felder der Form für ganze Blüten zu klein sind, kann man auch einzelne Blütenblätter verwenden.
Buntes Obst im Eiswürfel, z. B. Himbeeren, Erdbeeren, Kirschen, Johannisbeeren, zusammen mit frischen Minze-Blättern oder auch andere Blüten, z. B. von Gänseblümchen oder Kapuzinerkresse, sehen ebenfalls toll aus.
Ob im Drink für die Liebste/den Liebsten oder im Sekt- oder Champagnerkühler – auf jeden Fall ein besonderes Highlight!

Erfrischender Wassermelonen-Smoothie

♥ *Für 2 Portionen*

500 g kernarme Wassermelone
50 ml frisch gepresster Orangensaft
2 TL frisch gepresster Zitronensaft
6 Eiswürfel

2 Holzspieße
Ausstechform Herz (1,5 cm ø)

1. Die Wassermelone teilen und eine 2 cm dicke Scheibe zu ca. 100 g abschneiden. Aus dieser Scheibe mit einer kleinen Herzausstechform 4 Herzchen ausstechen und jeweils 2 auf einen Holzspieß aufspießen.
2. 400 g Fruchtfleisch von der restlichen Melone herausschneiden und in einem Mixer oder einer Küchenmaschine glatt pürieren. Orangen- und Zitronensaft dazugeben und verrühren.
3. In 2 Gläser jeweils 3 Eiswürfel geben und mit dem Smoothie aufgießen. Mit dem Herzchenspieß garnieren und servieren.

Besondere Kuchen

»Meine wahre Liebe hat mein Herz
und ich hab seins«

Philip Sidney

Apfelrosen-Tarte

Für 1 Tarteform, 28 cm

Für den Boden

1 Ei
100 g weiche Butter
50 g Zucker
175 g Mehl
40 g gemahlene Mandeln
1 Prise Salz
7 rote Äpfel

Für die Zucker-Zitronen-Mischung

2 Zitronen
75 g Zucker
5 g Zimt

etwas Butter zum Einfetten
Hülsenfrüchte o. Ä. zum Blindbacken
1 Pckg. Vanillepudding (Zubereitung nach Packungsanweisung, dazu 40 g Zucker und 500 ml Milch)

1. Für den Mürbeteig Ei, Butter und Zucker in einer Schüssel miteinander vermengen.
2. Mehl, Mandeln und Salz hinzugeben und alles gut durchkneten.
3. Den Teig in Frischhaltefolie wickeln und für 1 Stunde in den Kühlschrank legen.
4. Währenddessen die Äpfel waschen, vierteln, entkernen und mithilfe eines Sparschälers, eines Hobels oder einer Küchenmaschine in möglichst dünne Scheiben schneiden.
5. Für die Zucker-Zitronen-Mischung die Zitronen auspressen und den Saft mit Zucker und Zimt in einer großen Schüssel vermischen.
6. Einen großen Kochtopf mit Wasser aufsetzen und die Apfelscheiben für maximal 3 Minuten in das kochende Wasser legen. Die Apfelscheiben dann vor-

sichtig in einem Sieb abtropfen lassen und in die Zucker-Zitronen-Mischung legen. Vorsichtig umrühren, damit die Scheiben nicht zerbrechen.

7. Backofen auf 180 °C Umluft vorheizen.
8. Den Mürbeteig wieder aus dem Kühlschrank nehmen, kurz durchkneten und auf einer bemehlten Arbeitsfläche etwas größer als die Tarteform rund ausrollen.
9. Den Teig in die leicht gefettete Form heben, am Rand andrücken und eventuell überstehenden Teig entfernen. Mithilfe einer Gabel den Mürbeteig mehrmals einstechen.
10. Für das Blindbacken den Teig mit Backpapier belegen und mit Hülsenfrüchten wie z. B. Linsen, Bohnen oder Reis beschweren. Form in den Ofen schieben und Boden 13 Minuten backen.
11. In dieser Zeit kann der Vanillepudding nach Packungsanweisung zubereitet werden.
12. Sobald der Boden fertig vorgebacken ist, wird das Backpapier mit den Hülsenfrüchten oder dem Reis entfernt. Dann den Vanillepudding auf dem Boden verteilen.
13. Nun geht es an das Formen der Apfelrosen. Dafür eine einzelne Apfelscheibe aus der Zucker-Zitronen-Mischung nehmen und diese mit den Fingern eng aufrollen.

14. Die nächste Apfelscheibe wird nun mit ihrem Anfang von innen an das Ende der ersten Apfelscheibe gedrückt und um die erste Scheibe herumgewickelt.

15. Durch die Zucker-Zitronen-Mischung kleben die Scheiben etwas, sodass die Rose zusätzlichen Halt bekommt. Rose so lange mit Apfelscheiben umwickeln, bis sie die passende Größe hat. Die fertigen Rosen in die Vanillecreme setzen.

16. Hier kann man je nach Belieben zwischen großen und kleinen Rosen variieren und so die Oberfläche des Kuchens ganz individuell gestalten.

17. Ist der Kuchen mit allen Apfelrosen bedeckt, so kann man die Rosen noch zusätzlich mit der Zucker-Zitronen-Mischung bepinseln, damit sie im Ofen karamellisieren.

18. Den Apfelkuchen im Ofen ca. 35–40 Minuten backen, bis die Apfelscheiben oben leicht braun werden.

Apple-Cranberry-Pie

Für 1 Tarte (20 cm ø)

80 g Butter
25 g Zucker
390 g Mehl
50 ml eiskaltes Wasser
3 Äpfel
100 g Cranberrys
25 g Zucker
etwas Butter zum Einfetten
1 Eigelb
1 EL Milch

Tarteform (20 cm ø)
Ausstechform Herz (3 cm ø)

1. Butter, Zucker, Mehl und Wasser in einer Schüssel zügig zu einem glatten Teig verkneten und diesen anschließend mindestens 1 Stunde kühl stellen.
2. Äpfel schälen, vierteln, entkernen und in Scheiben schneiden.
3. Cranberrys waschen und in einer Schüssel mit Zucker vermengen und zur Seite stellen.
4. Wenn der Teig fertig gekühlt ist, eine Hälfte davon auf einer bemehlten Arbeitsfläche dünn zu einem ca. 24 cm großen Kreis ausrollen. Vorsichtig in eine leicht eingefettete Tarteform legen, bis zum Rand hochziehen und andrücken.
5. Die andere Hälfte des Teiges ebenfalls dünn ausrollen und z. B. mit einer Springform einen 20 cm großen Kreis ausstechen. Aus diesem Kreis ca. 12 kleine Herzen ausstechen und beiseitestellen. Aus dem restlichen ausgerollten Teig außerhalb des Kreises 14 weitere kleine Herzchen ausstechen und auch für später weglegen.
6. Backofen auf 220 °C Umluft vorheizen.

7. Nun mit der Füllung fortfahren. Dafür zuerst die Apfelscheiben in der Tarteform auf dem Teig verteilen. Danach die Cranberrys gleichmäßig darüberstreuen. Nun den Teigkreis mit den Herzchenlöchern darauflegen und am Rand leicht an den unteren Teig drücken.
8. Die kleinen Herzchen so auf den Rand legen, dass jeweils eine Hälfte auf dem Pie und die andere auf dem Rand der Tarteform liegt. Ebenfalls leicht andrücken.
9. Zum Schluss den gesamten Pie mit einer Mischung aus Eigelb und Milch bestreichen, in den Ofen geben und ca. 25–30 Minuten goldbraun backen. Sollte der Pie schnell dunkel werden, einfach mit Alufolie bedecken.

Himbeer-Herztörtchen

♥ *Für 2 kleine Herzbackformen*

Für den Biskuitboden	Für die Buttercreme
2 Eier	150 g gefrorene Himbeeren
50 g Zucker	100 g gefrorene Heidelbeeren
30 g Mehl	(oder andere Früchte)
25 g Speisestärke	50 g Zucker
1 TL Backpulver	25 g Speisestärke
1 Prise Salz	etwas Vanillemark
etwas Vanillemark	150 g weiche Butter
etwas Butter zum Einfetten	50 g Himbeeren

1. Für die Buttercreme die gefrorenen Beeren in einen Topf geben und auf mittlerer Stufe auftauen lassen. Zwischenzeitlich umrühren.
2. Sind die Beeren aufgetaut, diese gut pürieren und anschließend durch ein Sieb streichen, sodass die Himbeerkerne im Sieb bleiben. Das Fruchtpüree wieder in einen Topf geben und aufkochen lassen.
3. Zucker, Speisestärke und Vanillemark in einer separaten Schüssel vermengen.
4. Das Fruchtpüree vom Herd nehmen und die trockenen Zutaten unterrühren. Alles abkühlen lassen.

5. In der Zwischenzeit kann der Biskuitboden gebacken werden. Dafür zuerst den Backofen auf 180 °C Umluft vorheizen.
6. Dann Eier trennen und Eiweiße steif schlagen. Nach und nach den Zucker einrieseln lassen.
7. Sobald das Eiweiß fest ist, die Eigelbe unterrühren, nun nicht mehr schlagen.

8. Das Mehl in eine Schüssel sieben, mit Speisestärke, Backpulver, Salz und Vanillemark vermengen und vorsichtig in die Eimasse rühren. Den Teig kann man zusätzlich auch noch mit etwas Lebensmittelfarbe rosa einfärben.
9. Die Backformen mit Butter einfetten, den Teig einfüllen und den Biskuit im Ofen etwa 20 Minuten backen, bis er oben leicht goldbraun wird. Dann aus dem Ofen nehmen und abkühlen lassen.
10. Während der Boden abkühlt, kann die Himbeer-Buttercreme fertiggestellt werden. Dafür die Butter in einer Küchenmaschine auf höchster Stufe so lange schlagen, bis sie fast weiß und schön cremig ist. Nun das abgekühlte Fruchtpüree mit der Butter vermischen und in einen Spritzbeutel umfüllen.
11. Ist der Biskuit auch abgekühlt, Herzen vorsichtig aus der Backform nehmen und einmal in der Mitte quer durchschneiden.

12. Die Himbeer-Buttercreme nun sowohl zwischen die Biskuitböden als auch obenauf streichen oder mithilfe eines Spritzbeutels spritzen.
13. Zu guter Letzt werden die Törtchen noch mit frischen Himbeeren garniert und bis zum Verzehr in den Kühlschrank gestellt.

Lemon-Flower-Pies

Für 24 Stück

170 g Butter
45 g Zucker
380 g Mehl
100 ml eiskaltes Wasser
100 g Sahne
1 Pckg. Sahnesteif
100 g griechischer Joghurt
100 g Quark
1 Pckg. Citroback oder Abrieb einer Bio-Zitrone
30 g Zucker

Ausstechform Blume (8 cm ø)
24er-Mini-Muffinform (3,5 cm ø pro Mulde)

1. Kalte Butter, Zucker, Mehl und Wasser in einer Schüssel zügig zu einem glatten Teig verkneten, in 2 Teile teilen und anschließend für mindestens 1 Stunde kalt stellen.
2. Backofen auf 200 °C Umluft vorheizen.
3. Nach der Kühlzeit erst einen Teil des Teiges verarbeiten, da dieser sich am besten kalt ausrollen lässt. Den Teig auf einer bemehlten Arbeitsfläche ca. 3 mm dünn ausrollen. Mit dem Ausstecher ca. 12 Blumen ausstechen. Jede Teigblume vorsichtig in eine Mulde der Muffinform drücken, sodass nur noch die Blätter herausschauen. Diese dann nach außen auf das Blech drücken. Dabei immer eine Mulde frei lassen, sodass genau 12 Blumen im

Muffinblech sitzen. Durch die Butter im Teig muss das Blech nicht eingefettet werden!

4. Die Teigblumen nun 7–8 Minuten im Ofen backen, bis die Oberfläche anfängt, leicht zu bräunen. Nicht zu lange backen, da der Teig sonst hart wird!
5. Mit dem restlichen Teig genauso verfahren und anschließend alle Blumen komplett auskühlen lassen.
6. Erst dann die Creme zubereiten. Dafür zuerst die Sahne mit dem Sahnesteif in einer Schüssel steif schlagen. Joghurt, Quark, Citroback und Zucker in einer Schüssel verrühren und anschließend die steife Sahne unterheben.
7. Die Creme am besten mit einem Spritzbeutel mit kleiner Öffnung in die Blumen füllen.
8. Zum Schluss können die Blumen nach Belieben noch mit frischen Früchten und Minze-Blättern dekoriert werden. Bis zum Verzehr sollten die Blumen kalt gestellt werden.

Red-Velvet-Törtchen

Für 6 Stück

100 g Butter
100 g Zucker
2 Eier
150 g Mehl
1 EL Backkakao
1 TL Backpulver
1 TL Natron
100 ml Buttermilch
rote Lebensmittelfarbe
etwas Butter zum Einfetten
200 g Frischkäse
50 g Puderzucker
1 Msp. Vanille

Ausstechform Kreis (z. B. 6 cm ø)
Ausstechform Herz (4–5 cm ø), Springform (26 cm)

1. Backofen auf 180 °C Umluft vorheizen.
2. Butter und Zucker in einer Schüssel cremig schlagen. Die Eier hinzufügen und weiter cremig schlagen.
3. Mehl mit Kakao, Backpulver und Natron vermengen und abwechselnd mit der Buttermilch unter den Teig rühren. Teig mit Lebensmittelfarbe so einfärben, dass ein dunkles, kräftiges Rot entsteht. Den Teig in eine eingefettete Springform geben und 20 Minuten im Ofen backen. Danach komplett auskühlen lassen.
4. Mit einem runden Ausstecher oder einem Glas aus dem gebackenen Teig 9 Kreise und 3 Herzen ausstechen. Die Kreise und Herzen jeweils durchschneiden, sodass 18 Kreise und 6 Herzen entstehen.
5. Frischkäse, Puderzucker und Vanille in einer Schüssel cremig rühren. Nun aus jeweils 3 Kreisen und 1 Herz ein kleines Törtchen schichten. Dafür immer etwas Frischkäsemasse zwischen die einzelnen Kreisscheiben und Herzen auftragen.

Herzhafte Haupt-gerichte

»Jede große Liebe hat ihre kleinen Geheimnisse«

Sprichwort

Gemischter Salat mit Mozzarellaherzen

♥ *Für 2 Portionen*

Für den Salat

200 g Blattsalat nach Wahl
150 g Salatgurke
125 g Mozzarella, 45 % Fett i. Tr.
10 Cherrytomaten
15 g Pinienkerne

Für das Dressing

3 EL Aceto Balsamico di Modena
3 EL Olivenöl
1 EL süßer Senf
1 TL Honig
Salz, Pfeffer

Ausstechform Herz (3 cm ø)

1. Salat waschen, trocken schütteln und in mundgerechte Stücke zupfen.
2. Gurke schälen und in 0,5 cm dicke Scheiben schneiden. Aus diesen Scheiben jeweils mit einer Ausstechform Herzen ausstechen.
3. Den Mozzarella ebenfalls in Scheiben schneiden und mithilfe der Ausstechform Herzen ausstechen.
4. Die Cocktailtomaten waschen und halbieren. Die Pinienkerne ohne Fett in einer Pfanne goldbraun rösten.
5. Für das Dressing Balsamico, Olivenöl, süßen Senf, Honig, Salz und Pfeffer in einer großen Schüssel vermengen. Den Blattsalat in die Schüssel geben und gut mit dem Dressing vermischen.
6. Salat in 2 Schalen anrichten und mit den Gurkenherzen, Mozzarellaherzen, Cocktailtomatenhälften und den gerösteten Pinienkernen garnieren.

Rote Linsensuppe

Für 2 Portionen

500 g gemischte rote Tomaten
1 kleine rote Paprika
2 Knoblauchzehen
1–2 EL Olivenöl und etwas zum Beträufeln
Salz und Pfeffer
250 ml Gemüsebrühe
250 ml Wasser
100 g rote Linsen
2 EL Balsamicoessig
100 g Crème fraîche
ein paar Basilikumblätter
einige Cracker

Auflaufform

1. Den Backofen auf 200 °C Ober-/Unterhitze vorheizen.
2. In der Zwischenzeit die Tomaten waschen und je nach Größe halbieren oder vierteln.
3. Die Paprika waschen, vierteln und entkernen. Die Tomatenstücke mit den Paprikastücken und den nicht geschälten Knoblauchzehen in eine große Auflaufform geben. Mit 1–2 EL Olivenöl beträufeln, mit Salz und Pfeffer würzen und etwa 25 Minuten in den Backofen geben.
4. Nach der Backzeit die Knoblauchzehen aus der Auflaufform nehmen, aus der Schale herausdrücken und mit dem gesamten Inhalt der Auflaufform (auch der Tomatenflüssigkeit) in einen großen Kochtopf geben. Gemüsebrühe, Wasser und rote Linsen hinzufügen und alles einmal aufkochen. Anschließend die Temperatur reduzieren und die Suppe bei geschlossenem Kochtopf etwa 25 Minuten lang köcheln lassen, bis die roten Linsen gar sind.
5. Nun die Suppe von der heißen Herdplatte nehmen und mit einem Pürierstab so lange pürieren, bis alles schön cremig und sämig ist.

6. Die Suppe nun mit dem Balsamicoessig sowie Salz und Pfeffer abschmecken und noch einmal für einige Minuten erwärmen.
7. Die Suppe in Schüsseln füllen und mit ein wenig Olivenöl beträufeln. Jeweils 2 große Kleckse Crème fraîche auf die Suppe geben und ein Messer (oder einen Löffelstiel etc.) mit einer zügigen Bewegung durch die Mitte des Kleckses ziehen, sodass sich ein Herz bildet. Mit einigen Basilikumblättern bestreuen und mit Crackern servieren.

Gemüsesuppe mit Herznudeln

Für 2 Portionen

250 g Tomaten
300 g Zucchini
je einige Stängel Petersilie, Rosmarin, Oregano und Thymian
einige Blätter Basilikum
1 kleine Zwiebel
1 Knoblauchzehe
1 EL Olivenöl
2 EL Tomatenmark
optional 70 ml Weißwein
650 ml heiße Gemüsebrühe
2 Lorbeerblätter
120 g herzförmige Nudeln
Salz und Pfeffer
Parmesan zum Bestreuen

1. Die Tomaten mit heißem Wasser überbrühen, häuten, entkernen und grob würfeln. Die Zucchini putzen, waschen und ebenfalls grob würfeln.
2. Die Kräuter waschen, trocken schütteln und bis auf das Basilikum mit Küchengarn zusammenbinden.
3. Anschließend die Zwiebel und den Knoblauch schälen und fein hacken. In einem großen Topf das Olivenöl erhitzen und die Zwiebel sowie den Knoblauch darin glasig anschwitzen. Das Tomatenmark kurz mitanschwitzen. Wer möchte, kann die Zwiebeln nun mit dem Weißwein ablöschen und diesen kurz einkochen lassen.
4. Danach die Gemüsebrühe zugießen und die Zucchinistücke gemeinsam mit dem Kräuterbund und den Lorbeerblättern in die Suppe geben. Das Ganze nun etwa 10 Minuten lang bei mittlerer Hitze zugedeckt köcheln lassen. Anschließend die Tomaten für weitere 5–7 Minuten mitkochen, bis die Zucchinistücke gar sind. Die Nudeln müssen je nach der auf der Packung angegebenen Kochzeit rechtzeitig mit in die Suppe gegeben werden, damit alles gleichzeitig gar ist.

5. Zuletzt den Kräuterbund und die Lorbeerblätter aus der Suppe entfernen, die Suppe mit Salz und Pfeffer abschmecken und in Schüsseln füllen. Mit geriebenem Parmesan und einigen Basilikumblättern bestreuen und servieren.

Spaghetti-Herz

Für 2 Portionen

250 g Spaghetti
1 Zwiebel
1 EL Öl (z. B. Olivenöl)
1 Prise Zucker
1 EL Tomatenmark
1 Dose geschälte Tomaten (ca. 400 g)
2 kleine Stiele Oregano
Salz
2 EL geriebener Käse

1. Spaghetti in einem Topf mit Wasser nach Anleitung bissfest kochen.
2. Währenddessen die Tomatensoße zubereiten. Dazu die Zwiebel schälen und in kleine Würfel schneiden.
3. Öl in einen Topf geben und erhitzen. Die Zwiebelwürfel darin glasig dünsten. Den Zucker und das Tomatenmark dazugeben und kurz andünsten. Jetzt die geschälten Tomaten dazugeben und unter Rühren erwärmen. Den Topf zudecken und Soße ungefähr 5 Minuten köcheln lassen.
4. Die Oreganostiele kurz abbrausen, trocken schütteln, die Blättchen abstreifen und klein hacken.
5. Die Soße im Topf mit dem Pürierstab pürieren und mit Salz und Oregano abschmecken. Den Topf anschließend wieder zudecken und alles zusammen nochmals kurz aufkochen lassen.
6. Zum Servieren wird eine Portion Spaghetti auf den Teller gelegt und zu einem Herz geformt. Die Tomatensoße mit einem Löffel vorsichtig in die Mitte geben und auch ein Herz formen. Den Käse ebenfalls in Herzform darüberstreuen.

Grüne Tortellini mit Ricotta-Spinat-Füllung

♥ *Für 2 Portionen*

Für den Nudelteig

60 g frischer Spinat
200 g italienisches 00 Mehl oder Mehl Typ 550
2 Eier
1 TL Olivenöl
1 Prise Salz

Für die Ricotta-Spinat-Füllung

100 g frischer Spinat
100 g Ricotta
40 g frisch geriebener Parmesan
1 Ei
Salz, Pfeffer
1 Prise Muskat

Ausstechform Herz (6 cm ø)

1. Gesamten Spinat waschen, abtropfen lassen und die dicken Stiele entfernen.
2. 60 g Spinat mit 1 EL Wasser in eine Pfanne geben und abgedeckt 10 Minuten dünsten. Spinat durch ein Sieb abgießen und in einem Küchentuch sehr gut ausdrücken. Danach Spinat komplett abkühlen lassen und sehr fein hacken.
3. Aus Mehl, Eiern, Olivenöl, Salz und dem gekochten Spinat einen festen Teig kneten und 1 Stunde kalt stellen.
4. Den restlichen Spinat (100 g) mit 1 EL Wasser und einer Prise Salz in eine Pfanne geben und abgedeckt 3 Minuten erhitzen, bis der Spinat zusammengefallen ist. Spinat durch ein Sieb abgießen und mit einem Küchentuch sehr gut ausdrücken. Komplett abkühlen lassen und danach klein hacken.

5. Ricotta in einer Schüssel cremig rühren und den erkalteten Spinat untermengen. Parmesan, Ei, Salz, Pfeffer und Muskat gut untermischen. Die Füllung darf nicht flüssig sein. Wenn dies der Fall ist, noch etwas mehr geriebenen Parmesan hinzugeben.
6. Den kalten Teig auf einer mit Mehl bestäubten Arbeitsfläche dünn ausrollen. Mit einem Ausstecher Herzen ausstechen. Jeweils auf ein Herz 1 TL der Füllung geben, die freien Ränder mit etwas Wasser benetzen und ein zweites Herz darauflegen. Die Seiten mit den Fingern vorsichtig festdrücken.
7. Die Tortellini auf eine bemehlte Arbeitsfläche legen und vor dem Kochen 30 Minuten antrocknen lassen. Dann in reichlich kochendem Salzwasser 6 Minuten kochen.

Herz-Pizza

♥ *Für 2 Portionen*

Für den Pizzateig

250 g Weizenmehl
10 g frische Hefe
1 TL Zucker
150 ml lauwarmes Wasser
1 TL Salz
1 EL Olivenöl

Ausstechformen Herz oder Herzkuchenbackform

Für die Tomatensoße

1 kleine Zwiebel
1 Knoblauchzehe
etwas Öl für die Pfanne
1 TL Zucker
400 g stückige Tomaten aus der Dose
1 frische Tomate
Salz, Pfeffer, Oregano, Basilikum

Für den Belag

50 g Salami oder andere Zutaten
200 g geriebener Käse

1. Für den Pizzateig das Mehl in eine große Schüssel geben und in der Mitte eine Mulde formen. Hefe und Zucker in dem lauwarmen Wasser auflösen, dann in die Mehlmulde gießen und grob verrühren. Die Schüssel mit einem Tuch abdecken und den Teig 30 Minuten an einem warmen Ort gehen lassen.

2. In der Zwischenzeit die Tomatensoße zubereiten. Dafür Zwiebel und Knoblauchzehe schälen, klein schneiden und mit ein wenig Öl in einer Pfanne anbraten.
3. Wenn die Zwiebeln glasig werden, den Zucker dazugeben, sodass die Zutaten karamellisieren. Die Tomatenstücke hinzugeben und die Soße einmal aufkochen lassen.
4. Die Tomate waschen, putzen und klein schneiden, mit den Gewürzen in die Pfanne geben und Soße bis zur Verwendung leicht köcheln lassen. Eventuell noch pürieren.
5. Nach der Gehzeit Salz und Olivenöl zum Teig geben und diesen mit bemehlten Händen so lange kneten, bis er schön geschmeidig ist. Sollte er zu sehr kleben, mehr Mehl dazugeben, ist er zu fest, etwas mehr lauwarmes Wasser einkneten.
6. Nach dem Kneten aus dem Teig eine Kugel formen und weitere 30 Minuten zugedeckt an einem warmen Ort ruhen lassen, bis sich das Volumen in etwa verdoppelt hat.
7. Backofen auf 220 °C Ober-/Unterhitze vorheizen.
8. Nach dem Gehen muss der Pizzateig noch einmal 5–10 Minuten gut durchgeknetet werden. Dann auf einer bemehlten Arbeitsfläche zu einem dünnen Boden ausrollen und in die gewünschte Herzform bringen (z. B. kleine Mini-Pizzen mit Herzausstechformen ausstechen oder für größere Herzen Herzkuchenbackformen auf den Teig drücken und dann um die Form herum mit dem Messer ausschneiden).
9. Den Pizzaboden auf ein mit Backpapier belegtes Backblech geben, mit der Tomatensoße bestreichen, mit Salami oder anderen Wunschzutaten belegen und abschließend mit Käse bestreuen.
10. Die Pizza im Backofen etwa 20 Minuten backen.

Tipp:

Salami- und Schinken-Belag auch in Herzform bringen.

Tortellini mit Räucherlachsfüllung

♥ *Für 2 Portionen*

Für den Nudelteig

200 g italienisches 00 Mehl oder Mehl Typ 550
2 Eier
1 TL Olivenöl
1 Prise Salz

Für die Füllung

100 g geräucherter Lachs
150 g Ricotta
1 TL abgeriebene Zitronenschale
1 EL frischer Dill
Salz, Pfeffer
1 Ei
25 g frisch geriebener Parmesan

Ausstechform Herz (6 cm ø)

1. Aus den Nudelteigzutaten einen festen Teig kneten und 1 Stunde kalt stellen. Den geräucherten Lachs fein hacken. Den Ricotta in eine Schüssel geben und cremig rühren. Dill waschen, trocken schütteln, hacken und mit der Zitronenschale zum Ricotta geben, mit Salz und Pfeffer abschmecken.
2. Das Ei in einer Schüssel verquirlen und mit dem Lachs zu der Ricottacreme geben. Alles gut vermengen.
3. Den kalten Teig auf einer mit Mehl bestäubten Arbeitsfläche dünn ausrollen. Mit dem Ausstecher Herzen ausstechen. Jeweils auf ein Herz 1 TL der Füllung geben, die freien Ränder mit etwas Wasser benetzen und ein zweites Herz darauflegen. Die Seiten mit den Fingern fest andrücken.
4. Die Tortellini auf eine bemehlte Arbeitsfläche legen und vor dem Kochen 30 Minuten antrocknen lassen. Dann in reichlich kochendem Salzwasser 6 Minuten kochen.

Leckere Snacks

»Zu lieben ist Segen, geliebt zu werden Glück.«

Leo Tolstoi

Melonenherzen mit Feta

♥ *Für 2 Portionen*

300 g kernarme Wassermelone
100 g Feta
50 g Babyspinat
5 g frisches Basilikum
1 EL Olivenöl
1 TL Weißweinessig
½ TL frisch geriebene Zitronenschale
Salz, Pfeffer

2 Ausstechformen Herz (5 cm und 8 cm ø)

1. Melonenfruchtfleisch in 1–1,5 cm dicke Scheiben schneiden und mit der großen Ausstechform Herzen ausstechen.
2. Den Feta trocken tupfen und in 0,5–1 cm dicke Scheiben schneiden. Mit der kleinen Ausstechform die gleiche Anzahl Herzen ausstechen.
3. Babyspinat und Basilikum waschen und trocken schütteln. Genauso viele Spinatblätter, wie Sie Herzen haben, auf die Seite legen.
4. Den restlichen Spinat und das Basilikum fein hacken und mit Olivenöl, dem Weißweinessig und der Zitronenschale in einer Schüssel zu einem Kräuterdressing mischen und mit Salz und Pfeffer würzen.
5. Spinatblätter auf 2 Tellern anrichten, auf jedes Blatt jeweils 1 Melonenherz und darauf 1 Fetaherz legen. Das Kräuterdressing über den Feta träufeln.

Tomaten-Tulpenstrauß mit Frischkäsefüllung

♥ *Für 12 Stück*

100 g Frischkäse
50 ml Milch
½ TL Knoblauch
1 Prise Salz
1 EL gehackte Kräuter nach Belieben, z. B. Petersilie, Schnittlauch
12 dünne Lauchzwiebeln
12 Cherrytomaten

12 Holzspieße

1. Den Frischkäse in einer Schüssel mit der Milch glatt rühren. Anschließend Knoblauch schälen, zum Frischkäse pressen, Salz und Kräuter dazugeben, alles gut verrühren, abschmecken und kalt stellen.
2. Lauchzwiebeln waschen, äußere Blätter abziehen, Spitzen abschneiden und jeweils einen Holzspieß innen durch den Stängel stecken.
3. Die Tomaten waschen und abtupfen. Jede Tomate an der Oberseite kreuzförmig einschneiden. Mit der Spitze eines Messers vorsichtig etwas Fruchtfleisch entfernen (nicht zu viel, damit die Tomaten noch einen festen Rand haben). Je 1 Tomate vorsichtig auf den Spieß mit dem Lauchzwiebel-Stängel stecken.

4. Nun die Creme aus dem Kühlschrank holen, in einen Spritzbeutel mit sehr kleiner Öffnung geben und in die etwas ausgehöhlte Tomate spritzen.
5. Alle Tomatentulpen zu einem Strauß zusammenlegen und mit einem Lauchzwiebel-Blatt zusammenbinden.

Herzbrezeln

♥ *Für 6 Stück*

160 ml Milch
5 g frische Hefe
1 TL Zucker
500 g Mehl
15 g Salz
150 ml und 1,5 l Wasser
20 g Butter
3 EL Natron
grobes Meersalz

Hinweis zur Vorbereitung: Teig muss mindestens 6 Stunden bzw. besser über Nacht ruhen.

1. Alle Zutaten sollten früh genug aus dem Kühlschrank genommen werden, damit sie bis zum Zubereiten Zimmertemperatur erreicht haben.
2. Die Milch in einem Topf auf ca. 42 °C erwärmen, dann die zerbröselte Hefe und den Zucker darin auflösen. Mehl und Salz in einer Schüssel vermischen, 150 ml Wasser, Butter und Hefegemisch hinzufügen. Erst grob mit einem Löffel vermengen, anschließend mit den Händen mindestens 15 Minuten kneten. Dieser Arbeitsschritt kann selbstverständlich auch von einer Küchenmaschine übernommen werden. Wenn der Teig beim Auseinanderziehen nicht mehr gleich reißt, ist er gut genug geknetet. Teig zugedeckt 30 Minuten ruhen lassen.
3. Danach über Nacht bzw. mindestens 6 Stunden im Kühlschrank weiter ruhen lassen.
4. Den Teig nach der Ruhezeit aus dem Kühlschrank nehmen und kurz durchkneten, damit er sich gut formen lässt. Dann in 6 gleich große Teile aufteilen. Daraus jeweils eine ca. 30 cm lange Teigwurst rollen, deren Enden schmaler sind als die Mitte. Die Teigwurst zu einem Herz formen. Die Enden ineinander verdrehen und die Spitze des Herzens etwas nach unten und spitz ziehen, damit die typische Herzform entsteht.

5. Die Herzbrezeln bedeckt 30 Minuten gehen lassen. (Gehen nur minimal auf, ist aber völlig normal!)
6. Kurz vor Ende der Gehzeit 1,5 l Wasser in einem mittelgroßen Topf zum Kochen bringen und Backofen auf 160 °C Umluft vorheizen.
7. Wenn das Wasser kocht, das Natron nach und nach vorsichtig zugeben und die Hitze so reduzieren, dass die Lauge nicht mehr kocht.
8. Nun jede Herzbrezel mit einem Schaumlöffel in die Lauge tauchen und nach 30 Sekunden wieder herausnehmen. Auf ein mit Backpapier belegtes Backblech legen. Dabei etwas Abstand lassen.
9. Sofort mit grobem Meersalz bestreuen.
10. Blech in den Ofen schieben und Brezeln 17–20 Minuten backen.

Gefüllte Blätterteigherzen

♥ *Für 10 Stück*

70 g gefrorener Blattspinat
1 TL Olivenöl
1 Frühlingszwiebel
200 g Tomaten
1 EL Tomatenmark
1 Knoblauchzehe
1 Schuss Sahne
¼ Bund Schnittlauch (ca. 1 EL)
3 Blätter Basilikum
Salz und Pfeffer
1 TL Tomatenflocken
1 Pckg. Blätterteig
50 g geriebener Käse
1 Ei

Ausstechform Herz (7,5 cm ø)

1. Backofen auf 180 °C Umluft vorheizen.
2. Spinat in einem Topf auf dem Herd oder alternativ in der Mikrowelle auftauen lassen.
3. Das Olivenöl in einer Pfanne erhitzen.
4. Frühlingszwiebel putzen, waschen, in feine Ringe schneiden und im Öl andünsten.
5. Tomaten waschen, putzen, in kleine Würfel schneiden und zusammen mit dem Spinat und dem Tomatenmark in die Pfanne geben.
6. Knoblauch schälen und dazupressen. Alles 5 Minuten anbraten, anschließend mit einem Schuss Sahne ablöschen.
7. Schnittlauch und Basilikum waschen, trocken schütteln und fein hacken.

8. Spinatmischung mit Salz, Pfeffer und Tomatenflocken würzen, Kräuter hinzugeben und alles nochmals ein paar Minuten köcheln lassen, bis die Flüssigkeit verdampft ist. Etwas abkühlen lassen. Die Füllung sollte nicht zu flüssig und nur noch lauwarm sein, damit mit dem Füllen fortgefahren werden kann.
9. Aus dem Blätterteig 20 Herzen ausstechen und 10 auf ein mit Backpapier belegtes Backblech legen. Je 1 TL der Füllung aufsetzen und etwas Käse darüberstreuen. Es sollte noch etwas Käse übrig bleiben.

10. Jedes Herz mit einem weiteren Herz bedecken, den Teig am Rand zusammendrücken und mit einer kleinen Gabel ringsherum in den Teig drücken.
11. Das Ei in einer Schüssel verquirlen und den Blätterteig damit bestreichen.
12. Den übrig gebliebenen Käse über die gefüllten Blätterteigherzen streuen und diese 16 Minuten im Ofen goldbraun backen. Am besten noch warm servieren.

Avocado-Zucchini-Herzen

♥ *Für 2 Herzen*

Für die Herzen

200 g Zucchini
etwas Salz
1 Avocado
1 Knoblauchzehe
3 Stängel Koriander
1 Stängel Minze
1 EL Zitronensaft
2 EL Pinienkerne
1 EL Olivenöl
2 EL Wasser
6 EL Kichererbsenmehl
2 Tomaten

Zutaten für den Minz-Dip

2 Stängel Minze
150 g Sojajoghurt
1 Spritzer Zitronensaft
1 Prise Paprikapulver, edelsüß
Salz, Pfeffer

Ausstechform Herz (5–8 cm ø)

1. Ofen auf 180 °C Ober-/Unterhitze vorheizen.
2. Die Zucchini waschen, putzen und grob raspeln. Die Zucchiniraspel mit 1 Prise Salz mischen und 10 Minuten in einem Sieb ziehen lassen. Danach in ein Kuchentuch geben und gut ausdrücken.
3. Die Avocado schälen, halbieren, den Kern entfernen und das Fruchtfleisch in eine Schüssel geben.
4. Knoblauch schälen und hacken. Koriander und Minze waschen, trocken schütteln und hacken. 1 TL Salz, Knoblauch, Zitronensaft, Pinienkerne, Koriander,

Minze, Olivenöl und Wasser in die Schüssel zur Avocado geben und alles gut verrühren.

5. Die ausgedrückten Zucchini und das Kichererbsenmehl hinzufügen und alles zu einem Teig verrühren.
6. Minze für den Dip waschen, trocken schütteln und hacken. Den Sojajoghurt mit der Minze, dem Zitronensaft und Paprikapulver verrühren und mit Salz und Pfeffer abschmecken.
7. Ein Backblech mit Backpapier auslegen und 2 EL des Teiges in eine Herzausstechform füllen und gut festdrücken. Die Ausstechform vorsichtig abheben. So lange wiederholen, bis der Teig aufgebraucht ist. Blech in den Ofen schieben und Herzen 25–30 Minuten im Ofen backen, bis sie leicht gebräunt sind.
8. Die Tomaten waschen und in Scheiben schneiden. Die Scheiben auf einem Teller anrichten, die Zucchini-Herzen daraufsetzen und mit dem Minz-Dip servieren.

Herz-Tortilla-Chips mit Hot Salsa

♥ *Für 2 Portionen*

Für die Nachos

160 g Weizenmehl
80 g Maismehl
Salz, Pfeffer, Zucker, Paprika, Curry und Chilipulver
110 ml Milch
20 g Butter

Für die Hot Salsa

1 kleine Zwiebel
1 Knoblauchzehe
2 Mini-Spitzpaprika oder ¼ normale Paprika
2 kleine Chilischoten
1 EL Olivenöl
½ TL Zucker
400 g stückige Tomaten aus der Dose
Saft von ½ Limette
Salz, Pfeffer, Oregano, Paprika

Ausstechform Herz (ca. 6 cm ⌀)

1. Für die Nachos die beiden Mehle in einer Schüssel nach Belieben mit den Gewürzen vermengen und in der Mitte eine Mulde formen.
2. Die Milch in einem Topf auf kleiner Stufe erwärmen und die Butter langsam darin schmelzen lassen. Sobald die Butter geschmolzen ist, die flüssige Mischung in die Mehlmulde gießen und alles mit den Händen gut durchkneten.
3. Die Arbeitsfläche mit ein wenig Mehl bestreuen und den Teig dort etwa 2 mm dünn ausrollen.
4. Den Backofen auf 220 °C Umluft vorheizen.

5. Aus dem ausgerollten Teig nun viele kleine Dreiecke oder Herzen schneiden oder ausstechen und diese auf 1 oder 2 mit Backpapier belegte Backbleche geben.
6. Die Nachos 10 Minuten im Ofen backen, dann den Backofen ausschalten und Nachos weitere 30 Minuten im warmen Ofen liegen lassen.
7. Währenddessen den Dip herstellen. Dafür Zwiebel und Knoblauchzehe schälen, Paprika und Chilischoten waschen, putzen und alles sehr klein schneiden. Öl in einer Pfanne erhitzen und Gemüse darin anbraten.
8. Wenn die Zwiebeln glasig werden, den Zucker hinzugeben, sodass das Gemüse leicht karamellisiert. Tomaten, Limettensaft und Gewürze nach Belieben hinzufügen und die Salsa so lange köcheln lassen, bis die Nachos fertig sind. Den Dip abschmecken, eventuell nachwürzen und wahlweise warm oder kalt zu den Nachos genießen.

Amors Pfeile

♥ *Für 3 Tomaten- und 3 Würstchen-Spieße*

3 Wiener Würstchen
1 dicke Scheibe Käse
6 kleine, ovale Tomaten, z. B. Roma-Cherry-Tomaten

Zahnstocher
Basilikumblätter zur Deko

1. An jedem Würstchenende ein kurzes Stück schräg abschneiden. Die lange Seite sollte ca. 3–4 cm, die kurze Seite ca. 1 cm lang sein. Die 2 schrägen Stücke zu einem Herz zusammensetzen und mit einem Zahnstocher befestigen.
2. Der Zahnstocher dient auch gleich als Amors Pfeil. Aus dem Käse jeweils ein kleines Dreieck für die Pfeilspitze und ein breites V für das Pfeilende schneiden und aufstecken.
3. Die Tomaten waschen und abtrocknen. Eine Tomate in der Mitte schräg durchschneiden (ca. 45°-Winkel). Eine Hälfte der Tomate umdrehen und mit der anderen Hälfte an der Schnittfläche zusammensetzen, sodass ein Tomatenherz entsteht.
4. Dieses wieder mit einem Zahnstocher befestigen und den Zahnstocher mit Käse zu Amors Pfeil gestalten.
5. Mit Basilikumblättern dekorieren.

Avocado-Rose

♥ *Für 1 Avocado-Rose*

1 Avocado
etwas Öl zum Bepinseln der Arbeitsfläche,
z. B. Kokos- oder Olivenöl

1. Die Avocado schälen, halbieren und entkernen.
2. Arbeitsfläche mit etwas Öl einpinseln. Eine Hälfte der Avocado mit der Kernlochseite nach unten auf die Arbeitsfläche legen. Die Avocado quer in sehr dünne Scheiben schneiden.
3. Jetzt die Avocadoscheiben mit den Händen vorsichtig auffächern bzw. zu einem langen Strang formen, sodass die Avocadoscheiben noch aneinanderliegen bzw. sich überlappen. Zum Schluss die Avocadoscheiben von einem Ende langsam zur Mitte eindrehen, bis eine Rose entsteht. Mit der zweiten Avocadohälfte ebenso verfahren.

Danksagung

Diana vom Blog www.schwarzgrueneszebra.de teilt auf ihrer Seite jede Woche leckere Low-Carb-Gerichte. Nicht nur schnelle Gerichte für jeden Tag, sondern auch Außergewöhnliches für die besonderen Momente oder den süßen Zahn. Ihr Motto lautet: Geht nicht, gibt's nicht!

Ronja vom Online-Magazin Food'n'Photo zeigt, dass auch das Auge mitisst. Auf ihrem Blog www.foodnphoto.de und ihrem Instagram-Account @miss_gruenkern präsentiert sie leckere und gesunde Gerichte, die allein beim Ansehen Appetit bereiten.

Bild- und Rezeptnachweis

S. 8–9: Pancakes mit Liebesnachricht (Rezept): Ronja Pfuhl, foodnphoto.de, #miss_gruenkern
S. 10–11: Herzwaffeln (Rezept): Karina Sowa, #karina.sowa
S. 14–15: Klassische Pancakes (Rezept): Miriam Matin
S. 16: Rosa Zuckerherzen für den Kaffee (Rezept + Foto): Eileen Moser
S. 17: Red-Smoothie-Bowl (Rezept + Foto): Karina Sowa, #karina.sowa
S. 20–21: Ei-Toast-Muffins (Rezept + Foto): Leila Jasmin, #leilajasmin_
S. 22–23: Spiegelei-Herz im Toast (Rezept + Foto): Karina Sowa, #karina.sowa
S. 24: Gekochte Eier in Herzform (Rezept + Foto): Leila Jasmin, #leilajasmin_
S. 28–29: Erdbeer-Schoko-Strauß (Rezept + Foto): Leila Jasmin, #leilajasmin_
S. 30–31: Erdbeer-Mascarpone-Traum (Rezept + Foto): Karina Sowa, #karina.sowa
S. 32–33: Herz-Donuts (Rezept + Foto): Ronja Pfuhl, foodnphoto.de, #miss_gruenkern
S. 34–35: Zimtherzen (Rezept + Foto): Miriam Matin
S. 36-37 Tassenkekse (Rezept + Foto): Leila Jasmin, #leilajasmin_
S. 38–39: Herz-Kekse (Rezept + Foto): Eileen Moser
S. 40–41: Hufeisen-Kekse (Rezept): Leila Jasmin, #leilajasmin_
S. 42–43: Kuchenpralinen am Stiel (Rezept + Foto): Ronja Pfuhl, foodnphoto.de, #miss_gruenkern
S. 44–45: Cranberry-Pralinen (Rezept + Foto): Eileen Moser
S. 46–47: Frozen-Yogurt-Cups (Rezept + Foto): Ronja Pfuhl, foodnphoto.de, #miss_gruenkern
S. 48: Bärchen-Kekse (Rezept): Karina Sowa, #karina.sowa
S. 50: Erfrischender Wassermelonen-Smoothie (Rezept): Eileen Moser
S. 52–55: Apfelrosen-Tarte (Rezept + Foto): Karina Sowa, #karina.sowa
S. 56–57: Apple-Cranberry-Pie (Rezept): Ronja Pfuhl, foodnphoto.de, #miss_gruenkern
S. 58–59: Himbeer-Herztörtchen (Rezept + Foto): Karina Sowa, #karina.sowa
S. 60–61: Lemon-Flower-Pies (Rezept + Foto): Ronja Pfuhl, foodnphoto.de, #miss_gruenkern
S. 62: Red-Velvet-Herz-Törtchen (Rezept): Ronja Pfuhl, foodnphoto.de, #miss_gruenkern
S. 64–65: Gemischter Salat mit Mozzarellaherzen (Rezept + Foto): Eileen Moser
S. 66–67: Rote-Linsensuppe (Rezept): Miriam Matin
S. 68–69: Gemüsesuppe mit Herznudeln (Rezept): Miriam Matin
S. 72–73: Grüne Tortellini mit Ricotta-Spinat-Füllung (Rezept): Miriam Matin
S. 74–75: Herz-Pizza (Rezept): Karina Sowa, #karina.sowa
S. 76: Tortellini mit Räucherlachs-füllung (Rezept): Miriam Matin
S. 78–79: Melonenherzen mit Feta (Rezept + Foto): Eileen Moser
S.80–81: Tomaten-Tulpenstrauß mit Frisch-käsefüllung (Rezept + Foto): Leila Jasmin, #leilajasmin_
S. 82–83: Herzbrezeln (Rezept + Foto): Ronja Pfuhl, foodnphoto.de, #miss_gruenkern
S. 84–85: Gefüllte Blätterteigherzen (Rezept + Foto): Ronja Pfuhl, foodnphoto.de, #miss_gruenkern
S. 86–87: Avocado-Zucchini-Herzen (Rezept + Foto): Eileen Moser
S. 88–89: Herz-Tortilla-Chips mit Hot Salsa (Rezept): Karina Sowa, #karina.sowa

S. 6: travelarium.ph/Stutterstock.com; S. 9: Victoria Mende/Shutterstock.com; S. 10: stockcreations/Shutterstock.com; S. 11 oben: lgabriela/Shutterstock.com; S. 11 unten: stockcreations/Shutterstock.com; S. 13: Irina Malikova/ Shutterstock.com; S. 15: OksanaZubenko/Shutterstock.com; S. 18: thefoodphotographer/Shutterstock.com; S. 19: Anna Mente/Shutterstock.com; S. 24 unten: Mariyana M/Shutterstock.com; S. 27 unten: thefoodphotographer/Shutterstock.com S. 37 unten: didesign021/Shutterstock.com; S. 39 unten: Magdanatka/Shutterstock.com; S. 41: Miti74/Shutterstock.com; S. 48: yukihipo/Shutterstock.com; S. 49 oben: Africa Studio/Shutterstock.com; S. 49 unten: Viktoria Hodos/Shutterstock.com; S. 50: Romrodphoto/Shutterstock.com; S. 57: AnjelikaGr/ Shutterstock.com; S. 62: Tanya Brighidina/Shutterstock.com; S. 67: Karolina Awizen/ Shutterstock.com; S. 69: Inga Nielsen/Shutterstock.com; S. 71: Billion Photos/Shutterstock.com; S. 73: IriGri/Shutterstock.com; S. 74: vm2002/Shutterstock.com; S. 76: IriGri/Shutterstock.com; S.89: Elena Veselova/Shutterstock.com; S. 91: Cegli/Shutterstock.com; S. 92: Pia Violeta Pasat/Shutterstock.com

Bibliografische Information der Deutschen Nationalbibliothek
Die Deutsche Nationalbibliothek verzeichnet diese Publikation in der Deutschen Nationalbibliografie.
Detaillierte bibliografische Daten sind im Internet über http://d-nb.de abrufbar.

Für Fragen und Anregungen
info@rivaverlag.de

Originalausgabe
1. Auflage 2020
© 2020 by riva Verlag, ein Imprint der Münchner Verlagsgruppe GmbH
Nymphenburger Straße 86
D-80636 München
Tel.: 089 651285-0
Fax: 089 652096

Alle Rechte, insbesondere das Recht der Vervielfältigung und Verbreitung sowie der Übersetzung, vorbehalten. Kein Teil des Werkes darf in irgendeiner Form (durch Fotokopie, Mikrofilm oder ein anderes Verfahren) ohne schriftliche Genehmigung des Verlages reproduziert oder unter Verwendung elektronischer Systeme gespeichert, verarbeitet, vervielfältigt oder verbreitet werden.

Autorin: Veronika Pichl
Redaktion: Matthias Michel
Umschlaggestaltung: Laura Osswald, Isabella Dorsch
Umschlagabbildungen: Vorderseite oben: IriGri/Shutterstock.com, Eileen Moser, Karina Sowa; unten: vm2002/Shutterstock.com, OksanaZubenko/Shutterstock.com, Karina Sowa; Rückseite oben: Elena Veselova/Shutterstock.com, Ronja Pfuhl, Cegli/Shutterstock.com; unten: Karina Sowa, Ronja Pfuhl
Satz: Müjde Puzziferri, MP Medien, München
Druck: Florjancic Tisk d.o.o., Slowenien
Printed in the EU

ISBN Print 978-3-7423-1291-4
ISBN E-Book (PDF) 978-3-7453-0983-6
ISBN E-Book (EPUB, Mobi) 978-3-7453-0984-3

Weitere Informationen zum Verlag finden Sie unter

www.rivaverlag.de

Beachten Sie auch unsere weiteren Verlage unter www.m-vg.de